Einsterns Schwester 2

Arbeitsheft 3

Texte schreiben

Herausgegeben von
Roland Bauer
Jutta Maurach

Erarbeitet von
Katrin Baudendistel
Daniela Dreier
Alexandra Schwaighofer

Cornelsen

Inhaltsverzeichnis

So kannst du mit den Heften arbeiten

Du machst alle
Seiten der Lernportion 1.

Zuerst im grünen Heft.

Dann im roten Heft.

Dann im gelben Heft.

Und dann im blauen Heft.

Danach machst du in
allen Heften die Lernportion 2.

Nun machst du in
allen Heften die Lernportion 3.

Genauso bearbeitest du
alle anderen Lernportionen.

1 Beschreibungen ergänzen

1 Lies die Sätze genau.
Ergänze die fehlenden Wörter.

~~rund~~	roten	blau	weiß	lang
laut	hoch	eckige	schnell	

Der Fußball ist rund.

Seine Farben sind schwarz und ______.

Er soll in das ______ Tor.

Das Fahrrad ist ______.

Seine Klingel ist ______.

Man kann damit ______ fahren.

Die Schaukel hat einen ______ Sitz.

Ihre Seile sind ______.

Sie fliegt ______ in die Luft.

1 Wörter zu einem Thema auswählen

1 Unterstreiche alle Wörter, die zum Thema Zoo passen.
Schreibe sie in die Zeilen um das Bild.

Affen | Käfig | Flugzeug | Seehunde | Futter | Schiff

Tierpfleger | Giraffen | Tafel | Eisbären | Wasserbecken

Affen

1 Wörter zu einem Thema finden

1 Finde Wörter zum Thema Bauernhof.
Schreibe sie in die Zeilen.

Kühe

1 Beschreibungen zusammensetzen

1 Schreibe zu jedem Bild die passenden Sätze.

~~Es ist eine Pflanze.~~ | Es ist ein Ding. | Es hat Zweige und Blätter.

Es ist ein Tier. | Es hat eine Tür und ein Dach.

Es hat einen Stachel. | Seine Wurzeln sind in der Erde.

Menschen wohnen darin. | Es fliegt von Blume zu Blume.

Es ist eine Pflanze.

1 Beschreibungen erstellen

1 Beschreibe, was auf den Bildern ist.

Es ist

Es ist

2 Male selbst etwas und beschreibe es.

Es ist

1 Rätsel schreiben

1 Lies die Rätsel.
Schreibe die Lösung in die Zeilen.

Es ist ein Ding.
Man kann es anziehen.
Es hat zwei lange Ärmel.
Es hat keine Knöpfe.

Lösung: ______________________

Es ist ein Tier.
Es legt Eier.
Es hat Federn.
Es lebt auf dem Bauernhof.

Lösung: ______________________

2 Schreibe selbst ein Rätsel.

Es ist ______________________

____

____

____

Lösung: ______________________

2 Einen Steckbrief zu einer Person ergänzen

1 Ergänze den Steckbrief.

Pippi Langstrumpf | schwarz und schwarz-gelb gestreift | braun | rot | Zöpfe | blau mit weißen Punkten | Sommersprossen, kann auf den Händen laufen

Name: Pippi Langstrumpf

Haarfarbe:

Frisur:

Augenfarbe:

Strümpfe:

Hose:

Schuhe:

Besondere Kennzeichen:

2 Passende Sätze zu einer Person auswählen

1 Sieh dir die Bilder genau an.
Kreuze nur die passenden Sätze an.

- [x] Sie trägt Jeans.
- [ ] Sie ist sechzig Jahre alt.
- [ ] Ihre Haare sind kurz.
- [ ] Auf ihrem T-Shirt ist ein Pferd.
- [ ] Sie trägt Ringe.
- [ ] Sie hat eine Zahnlücke.
- [ ] Ihre Augen sind braun.
- [ ] Sie isst einen Apfel.

- [ ] Er liebt Kaugummiblasen.
- [ ] Er hat schwarze Haare.
- [ ] Er trägt Turnschuhe.
- [ ] Er trägt eine Brille.
- [ ] Er hat ein Buch in der Hand.
- [ ] Seine Augen sind grün.
- [ ] Er führt einen Hund an der Leine.
- [ ] Seine Armbanduhr ist groß.

2 Passende Sätze zu einer Person schreiben

1 Beschreibe die Person mit passenden Sätzen.

Sie

2 Steckbriefe zu Pflanzen ergänzen

1 Sieh dir die Fotos genau an. Ergänze die Steckbriefe.

~~Sonnenblume~~	Schneeglöckchen	klein	groß	Winter	Sommer
weiß	gelb	wie eine Sonne	wie eine Glocke	schmal	breit

Name: Sonnenblume

Größe: ______

Sie blüht im: ______

Farbe der Blüte: ______

Form der Blüte: ______

Form der Blätter: ______

Name: ______

Größe: ______

Sie blüht im: ______

Farbe der Blüte: ______

Form der Blüte: ______

Form der Blätter: ______

2 Pflanzen beschreiben

1 Ergänze die Beschreibung dieser Blume.

Diese Blume heißt Sonnenblume ______.

Sie ist eine ______ Blume.

Sie blüht im ______.

Die Farbe ihrer Blüte ist ______.

Die Form ihrer Blüte ist ______.

Die Form ihrer Blätter ist ______.

2 Beschreibe diese Blume.

Diese Blume heißt

2 Ein Tier beschreiben

1 Lies die Beschreibungen genau.
Ergänze den zweiten Tiernamen.

Dieses Tier heißt Amsel.

Es lebt in Gärten und Parks.

Es frisst Regenwürmer, Insekten und Beeren.

Das Männchen ist schwarz und hat einen gelben Schnabel.

Dieses Tier heißt ________.

Es lebt auf Bäumen.

Es frisst Nüsse und Eicheln.

Es hat einen buschigen Schwanz.

2 Beschreibe das Tier.

Dieses Tier

2 Eine Suchanzeige für ein Tier schreiben

1 Lies die Suchanzeige genau.
Schreibe eine ähnliche Suchanzeige für den Pudel.

Wer hat unsere Katze gesehen?

Mini ist entlaufen!
Wir suchen seit dem Wochenende
unsere graue Katze. Sie trägt ein rotes Halsband
mit einem silbernen Namensanhänger.
Ihre linke Vorderpfote ist weiß. Hinweise bitte
an Familie Pfeifer (Tel.: 07071/9466755)

Wer hat unseren Pudel gesehen?

3 Sätze zu Bildern ordnen

1 Ordne die Sätze den Bildern zu.

Moment, da ist noch eines.	Da kommt der Wind.
~~Anton hat alle Blätter zusammengeharkt.~~	Anton will das Blatt holen.

Anton hat

Ole Könnecke

3 Sätze zu Bildern schreiben

1 Schreibe zu jedem Bild einen Satz.

Anton

Ole Könnecke

3 Sätze nach einer Bildfolge ordnen

1 Ordne Bilder und Sätze passend zu. Trage die Zahlen ein.

☐	Da sehen sie dunkle Wolken am Himmel.
☐	Lisa und Tom spielen im Freibad mit dem Wasserball.
☐	Während des Gewitters stellen sie sich in einem Häuschen unter.
☐	Schnell steigen die beiden aus dem Wasser.

2 Schreibe die Sätze in der richtigen Reihenfolge ab.

Lisa und Tom

3 Sätze nach einer Bildfolge schreiben

1 Schreibe eine Geschichte zu der Bildfolge.
Die Wörter helfen dir dabei.

1	2	3	4
Kuchen backen Salz statt Zucker	Teig Backform Backofen	Kuchen fertig Tisch gedeckt	Kuchen probiert versalzen

Papa und Lisa

3 Sätze zu einem Bild ergänzen

1 Sieh dir das Bild an und ergänze die Sätze.

Die Sonne scheint.

Am Himmel sind drei

Auf der Insel

Im Boot

Im Wasser

Auf den Luftmatratzen

3 Frei zu einem Bild schreiben

1 Sieh dir das Bild an. Schreibe Sätze dazu.

Die Sonne

3 Eine Bildergeschichte weiterschreiben

1 Schreibe die Geschichte weiter.

Tim möchte Lisa etwas schenken.
Er sieht eine Wiese mit Pusteblumen
und pflückt einen Blumenstrauß.

Tim trifft sich mit Lisa.
Er übergibt ihr den Blumenstrauß.
Sie freut sich sehr über das schöne Geschenk.

3 Eine Bildergeschichte ergänzen und schreiben

1 Ergänze das letzte Bild. Schreibe eine Geschichte zu den Bildern.

4 Namenslisten ausfüllen

1 Wähle für jede Liste Kinder aus deiner Klasse aus.

Mädchen	Jungen

Kinder mit Brille	Kinder mit blauen Augen

Kinder mit braunen Haaren	Kinder mit kurzen Haaren

4 Eine Einkaufsliste schreiben

1 Vergleiche mit dem Bild. Kreuze den richtigen Einkaufszettel an.

○
- Wurst
- Äpfel
- Saft
- Kartoffeln
- Marmelade
- Kekse
- Salat

○
- Brot
- Weintrauben
- Eier
- Wurst
- Nudeln
- Milch
- Gurke

○
- Milch
- Eier
- Brot
- Bananen
- Salat
- Schokolade
- Käse

2 Schreibe einen Einkaufszettel, der zum Wageninhalt passt.

Milch

4 Einen Wunschzettel schreiben

1 Was wünscht sich Tim zum Geburtstag?
Schreibe seinen Wunschzettel.

Tims Wunschzettel

eine Torte

2 Was wünschst du dir zum Geburtstag?
Male deine Wünsche. Schreibe deinen Wunschzettel.

Mein Wunschzettel

4 Namen in einen Geburtstagskalender eintragen

1 Trage die Namen in den Geburtstagskalender ein.

Januar	Februar	März
April	**Mai**	**Juni**
Franka		
Juli	**August**	**September**
Oktober	**November**	**Dezember**

4 Einen Stundenplan ergänzen

1 Ergänze Lisas Stundenplan. Verwende die **Abkürzungen**.

Am Montag in der 1. Stunde ist **Mu**sik.

Am Montag in der 4. und 5. Stunde ist **Sa**chunterricht.

Am Dienstag in der 2. Stunde ist **Ku**nst.

Am Mittwoch in der 2. Stunde ist **M**athe.

Am Mittwoch in der 3. Stunde ist **Sp**ort.

Am Donnerstag in der 1. Stunde ist **Reli**gion.

Am Freitag in der 3. Stunde ist **D**eutsch.

Lisas Stundenplan

	Montag	Dienstag	Mittwoch	Donnerstag	Freitag
1. Stunde	Mu	M	D		Reli
2. Stunde	D			D	M
3. Stunde	M	Sp		Mu	
4. Stunde		D	Ku	M	Sa
5. Stunde					

4 Einen Freizeitplan erstellen

1 Ergänze Tims Freizeitplan. Verwende die **Abkürzungen**.

Tim geht jeden Montag um 15 Uhr zum **Fuß**balltraining.

Nach dem Training hat er nur eine Stunde Pause,
dann beginnt montags um 17 Uhr seine **Flöte**nstunde.

Dienstags und mittwochs besucht Tim
die **Haus**aufgabenbetreuung um 13 Uhr.

Donnerstags isst Tim um 14 Uhr bei seinem Freund **Max**imilian.

Am Freitag besucht Tim um 13 Uhr die **Tanz**-AG in der Schule.

Am Wochenende ist Tim nicht verplant.

Tims Freizeitplan

	Montag	Dienstag	Mittwoch	Donnerstag	Freitag
13 Uhr					
14 Uhr					
15 Uhr	Fuß				
16 Uhr					
17 Uhr					

5 Eine Einladung schreiben

1 Lies dir Lisas Geburtstagseinladung durch.

2 Schreibe eine Einladung zu deiner Geburtstagsfeier.

Einladung

Für wen?

Datum

Uhrzeit

Ort

Telefon

Von wem?

5 Ein Einladungsplakat schreiben und gestalten

1. Gestalte ein Plakat mit einer Einladung zum Klassenfest.
   Achte auf alle wichtigen Informationen.
   Schreibe und male.

5 Eine Postkarte schreiben

1 Lies die Postkarte und schaue sie genau an.

Anrede

Liebe Bettina,
viele Grüße aus
Österreich. Wir
wandern jeden
Tag. Das Wetter
ist sehr schön.
Viele Grüße
Deine Alexandra

An
Bettina Fuchs
Buchenweg 7
72072 Tübingen

Grüße

Adresse

2 Schreibe selbst eine Postkarte.

Anrede

Grüße

Adresse

5 Einen Brief schreiben

1 Schau dir den Brief genau an.

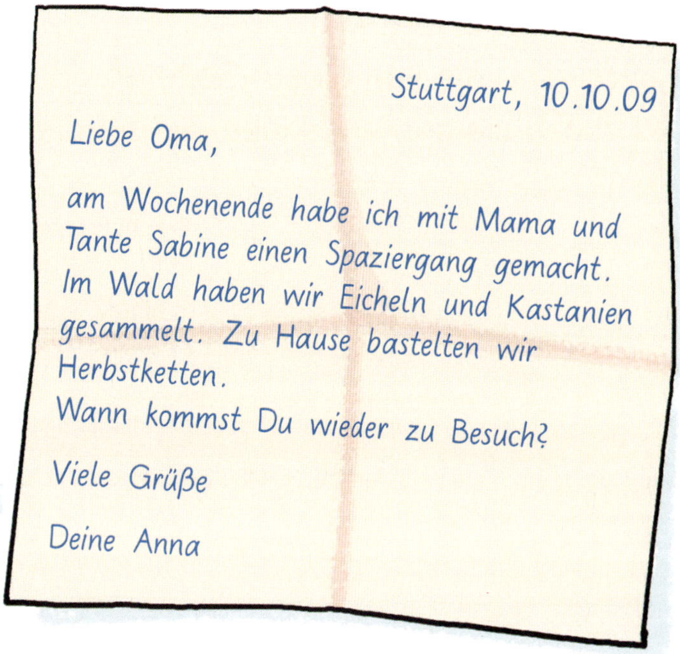

Stuttgart, 10.10.09

Liebe Oma,

am Wochenende habe ich mit Mama und Tante Sabine einen Spaziergang gemacht. Im Wald haben wir Eicheln und Kastanien gesammelt. Zu Hause bastelten wir Herbstketten.
Wann kommst Du wieder zu Besuch?

Viele Grüße

Deine Anna

2 Schreibe einen Brief. Berichte, was du erlebt hast: am Wochenende, in der Schule, …

Ort, Datum

Anrede

Grüße

5 Eine E-Mail schreiben

1 Schreibe eine E-Mail.
Schreibe die von dieser Seite ab oder erfinde eine eigene.
Drucke sie aus und klebe sie auf diese Seite.

Hier kannst du deine E-Mail aufkleben.

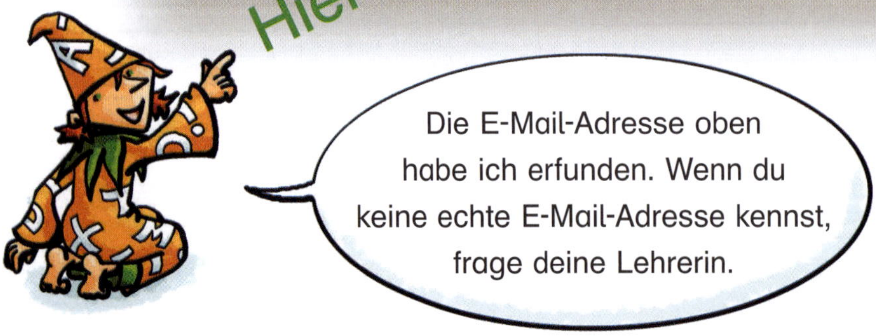

5 Eine Ballonpost schreiben

An Tims Geburtstag verschickt jedes Kind eine Ballonpost.
Die Kinder sind gespannt, wo ihre Ballons wohl landen werden.
Alle hoffen, dass jemand ihre Karten findet und zurückschickt.

1. Lies die Ballonpost, die Tim zurückbekommen hat.

Tim
wird heute 8 Jahre alt.
Viel Glück!

Wenn Du diese Karte findest,
schicke sie bitte zurück.

Finder:
Svenja Krost

Fundort:
Erfurt

An
Tim Hoff
Torstr. 8
97896 Boxtal

2. Schreibe eine Ballonpost, die nach deinem Geburtstag zurückgeschickt wird. Wer hat sie gefunden?

____

wird heute ________ Jahre alt.
Viel Glück!

Wenn Du diese Karte findest,
schicke sie bitte zurück.

Finder:

____

Fundort:

____

____
____
____
____

6 Reimwörter zuordnen

1 Ordne die richtigen Wörter zu und trage sie ein.

predigt | tragen | ~~brüten~~ | wackeln | aus | spuckt | liebt

Ein Kind singt auf dem Schulweg

Wenn die Pferde auf den Blüten
sitzen und dort Eier brüten,

wenn vor lauter dicken Dackeln
alle Pflastersteine ______________,

wenn der Pfarrer, ganz erledigt,
in der Badehose ______________,

wenn an heißen Wintertagen,
Purzelbäume Äpfel ______________,

wenn Frau Schmidt das Meer verschluckt
und ins Goldfischgläschen ______________,

wenn es einen Schneefrosch gibt,
eine Maus, die Katzen ______________,

einen Lift im Schneckenhaus –
dann erst fällt die Schule ______________.

Georg Bydlinski

6 Reimwörter ergänzen

1 Lies das Gedicht.
Ergänze die fehlenden Reimwörter.

Wir

Ich bin ich und du bist du.
Wenn ich rede, hörst du zu.

Wenn du sprichst, dann bin ich still,
weil ich dich verstehen ________.

Wenn du fällst, helf ich dir auf,
und du fängst mich, wenn ich ________.

Wenn du kickst, steh ich im Tor,
pfeif ich Angriff, schießt du ________.

Spielst du pong, dann spiel ich ping,
und du trommelst, wenn ich ________.

Allein kann keiner diese Sachen,
zusammen können wir viel ________,

Ich mit dir und du mit mir,
das sind ________.

Irmela Brender

6 Gedichtzeilen zuordnen

1 Ordne dem Gedicht die passenden Zeilen zu.

Ein Krokodil

~~am Tage ist es faul.~~

und frisst mich dann.

da seh ich es schon hocken.

Ich träum, es kommt ein Krokodil
mit einem großen Maul.
Am Tage liegt's auf einem Stein,
am

Und dann am Abend wird es wach
und macht sich auf die Socken.
Es kriecht zu unserm Haus aufs Dach,

Doch wenn es erst ganz dunkel ist,
dann schleicht es sich heran.
Es will zu mir herein

ich hab nur was vergessen.

glaub ich, es ist ein Drachen.

und reißt sein Maul schon auf.

Es hinkt durchs Haus, das hör ich doch,
es steigt die Treppe rauf.
Dann kommt's herein durchs Schlüsselloch

Es hat 'ne Menge Zähne in
dem großen roten Rachen.
Und weil es auch noch Flügel hat,

Was willst du hier, schrei ich ganz laut,
ich glaub, du willst mich fressen.
Nein, sagt das Krokodil und schaut,

Hanna Johansen

6 Einen Abzählvers schreiben

1 Lies dir die Abzählverse durch.
Wähle einen Abzählvers und schreibe ihn ab.
Du kannst auch einen anderen Abzählvers aufschreiben.

Paul Pau li ne,
Ap fel si ne,
Ap fel ku chen,
du musst su chen.

Ein ro tes, al tes Schiff
fuhr auf ein gro ßes Riff.
Dort schwamm ei ne Maus
und du bist raus.

Auf der Lei ter
sitzt ein Hahn,
der kräht lus tig,
du fängst an.

6 Ein Wortgedicht schreiben

1 Lies dir das LOLA-Wortgedicht durch.
Ergänze die Wortgedichte zu TIM und LEA.
Finde zu jedem Buchstaben ein passendes Adjektiv.

L USTIG
O RDENTLICH
L IEB
A LBERN

T OLL
I ______
M ______

L ______
E ______
A ______

6 Elfchen kennen lernen

1 Diese Gedichtform heißt Elfchen.
Zähle die Wörter in jeder Zeile. Schreibe die Zahl auf die Linie.
Zähle die Wörter in jedem Gedicht. Schreibe die Zahl in den Rahmen.

Helau 1

Tolle Kostüme ____

Piraten, Hexen, Ritter ____

Ich bin eine Prinzessin ____

Fasching ____

Versteckt ____

Bunte Eier ____

Hasen aus Schokolade ____

Ich suche im Garten ____

Ostern ____

Tannenbaum ____

Kerzen brennen ____

Wir singen Lieder ____

Ich öffne meine Geschenke ____

Weihnachten ____

6 Elfchen schreiben

1 Lies dir das Frühlingselfchen durch.

Schön
Viele Tulpen
Rote, weiße, gelbe
Ich pflücke einen Strauß
Frühling

2 Schreibe selbst ein Elfchen zu einer der Jahreszeiten:
Frühling, Sommer, Herbst oder Winter. Male dazu.

7 Eine Bastelanleitung ordnen

1 Nummeriere die Sätze in der richtigen Reihenfolge. Schreibe danach die Bastelanleitung auf.

Du brauchst:
halbe Nussschalen,
Filzstift, Klebstoff,
Filz, Wolle.

Mäuse aus Nussschalen

☐ Nun klebst du die Ohren auf die Nussschale.

☐ Dann schneidest du aus Filz Ohren aus.

☐ Zuletzt klebst du ein Stück Wolle als Schwänzchen an.

1 Zuerst malst du mit einem Filzstift zwei Augen auf deine Nussschale.

Zuerst

7 Eine Spielanleitung ergänzen

1 Betrachte die Bilder. Ergänze die Spielanleitung.

Schwänzchen sammeln

Zuerst stecken

Danach

Nun

Zuletzt

7 Ein Rezept schreiben

Zutaten für 4 Kinder:
8 Eier, 4 Esslöffel Öl,
1 Tassse Milch,
1 Packung Speck (Würfel),
Salz, Pfeffer

1 Wie machst du Rührei mit Speck?
Nummeriere das Rezept
in der richtigen Reihenfolge.

- [ ] Öl und Speck in einer Pfanne erhitzen
- [1] Eier in eine Schüssel schlagen
- [ ] Eiermilch mit einer Gabel gut duchrühren
- [ ] Milch, Salz und Pfeffer dazugeben
- [ ] Eiermilch mit dem Speck braten und dabei gut durchrühren

2 Schreibe auf, wie du Rührei mit Speck machst.

Zuerst schlage ich die Eier

7 Eine Wegbeschreibung ordnen

1 Tim geht in die Bücherei. Sieh dir den Plan an.
Nummeriere die Wegbeschreibung in der richtigen Reihenfolge.

☐ Dann biegt er rechts ab und läuft die Torstraße entlang.

☐ Nun biegt er rechts ab und steht nach wenigen Schritten vor der Bücherei.

☐ Als Nächstes überquert er an der Ampel die Schlüterstraße.

☐ Zuerst kommt Tim aus dem Haus und geht über den Zebrastreifen.

☐ Danach läuft er die Schlüterstraße entlang bis zur Kreuzung.

7 Einen Morgenablauf beschreiben

1 Beschreibe, was Lisa morgens tut.

Zuerst steht Lisa auf.

Als Nächstes

7 Einen Abendablauf beschreiben

1 Beschreibe, was Lisa abends tut.

Zuerst sieht Lisa eine Sendung im Fernsehen an. Als Nächstes

7 Einen Wunschtag beschreiben

1 Wie sieht dein Wunschtag aus? Ergänze die Sätze.

Um Uhr wache ich auf.

Zum Frühstück gibt es

Am Vormittag

Zum Mittagessen

Am Nachmittag

Zum Abendessen

Um Uhr gehe ich ins Bett

und träume von

8 Den Verlauf einer Geschichte erkennen

1 Welche Rahmen gehören zur Geschichte Ein Regen-Nachmittag?
Lies genau und kreuze sie an.

Ein Regen-Nachmittag

- [x] Es regnete. Lustlos sah Lisa aus dem Fenster.
„Blöd! Jetzt kann ich nicht in den Garten“, schimpfte sie.

- [ ] Der große Hund rannte auf Laura zu. Er wurde immer schneller. Aber Lisa sah ihm fest in die Augen. Da wurde er plötzlich langsamer.

- [ ] Lisa hätte auch gerne mit ihrem großen Bruder gespielt. Aber der hatte keine Zeit. So legt sie sich in ihrem Zimmer auf ihr Kuschelfell. Da fiel ihr der Schuhkarton unter ihrem Bett auf.

- [ ] Schnell holte Lisa ihn hervor und öffnete den Deckel. In dem Karton waren alte Bilder und Briefe. „Hallo, ich bin wieder da“, rief Papa aus dem Flur. „Wollen wir etwas spielen?“

- [ ] Plötzlich tauchte im Nebel das Haus auf. Laura hatte den Weg zurück gefunden. Froh rannte sie hinein und umarmte ihren Vater und ihre Mutter.

- [ ] Schweißgebadet erwachte Laura. Sie schaute sich um und sah ihr Kinderzimmer. Sie hatte alles nur geträumt.

- [ ] Aber Lisa war so in ihren Karton vertieft, dass sie Papa gar nicht hörte. Obwohl es regnete, war dies ein spannender Nachmittag geworden.

8 Eine Entscheidungsgeschichte kennen lernen

1 Du kannst auswählen, wie die Geschichte verläuft.
Bei jedem Rahmen musst du dich für einen Pfeil entscheiden.
Male die vier Pfeile aus, die deine Geschichte ergeben.

Es war Sonntag. Tim wollte einen Ausflug machen.

Er ging mit seinem Vater zum Angeln an einen See.

Mit einem Freund ging er an einen Bach zum Angeln.

Tim angelte einen alten Schuh.

Tim angelte einen Fisch.

Tim warf ihn wieder ins Wasser.

Tim nahm ihn mit nach Hause.

Zu Hause erzählte Tim seiner Mutter von seinem Angelerlebnis.

8 Eine Entscheidungsgeschichte schreiben

1. Schreibe deine Geschichte von Seite 54 auf.

Es war Sonntag. Tim wollte einen

Ausflug machen.

8 Vier Absätze zu einer Geschichte ordnen

1 Bringe die Geschichte in die richtige Reihenfolge.
Trage die Zahlen 1 bis 4 ein.

Im Schwimmbad

☐ Zuerst haben wir im Kinderbecken mit dem Wasserball gespielt. Dann sind wir vom Sprungbrett ins tiefe Wasser gesprungen.

☐ Gestern Nachmittag war ich mit Anna im Schwimmbad. Wir sind mit unseren Fahrrädern dorthin gefahren.

☐ Um 17 Uhr sind wir dann wieder nach Hause gefahren. Morgen gehen wir wieder zusammen ins Schwimmbad.

☐ Anschließend sind wir dann noch drei Bahnen geschwommen. Da war Anna schneller als ich.

8 Sechs Absätze zu einer Geschichte ordnen

1 Diese Geschichte ist durcheinandergeraten.
Bringe die Absätze in die richtige Reihenfolge.
Trage die Zahlen 1 bis 6 ein.

Drachen im Baum

☐ Erleichtert gingen die beiden nach Hause.
In Zukunft werden sie
besser auf ihre Drachen aufpassen.

☐ 1 Draußen war es sehr windig.
Florian und Tanja wollten
ihre neuen Drachen steigen lassen.

☐ Auch Tanja wollte ihren Drachen herunterholen.
Doch dann kam eine Windböe
und der Drachen verfing sich im Apfelbaum.

☐ Der Wind wurde immer stärker.
Die beiden konnten ihre Drachen kaum noch halten.
Florian holte seinen Drachen zurück.

☐ Tanja war traurig und weinte.
Zum Glück kam der Nachbar
und holte ihr den Drachen vom Baum.

☐ Sie gingen mit ihren Drachen auf die Wiese,
auf der einige Obstbäume standen.
Im Nu flogen beide Drachen am Himmel.

8 Stichwörter in einer Geschichte unterstreichen

1 Finde und unterstreiche die Stichwörter in der Geschichte.

Paul übernachtet bei Oli

Paul | Oli

spielen | Kinderzimmer

Spaß

verkleiden | Piraten

Abendessen | Würstchen | Pommes

Bett | Gruselgeschichten

Paul besucht Oli.

Zuerst spielen sie im Kinderzimmer.

Dabei haben sie sehr viel Spaß.

Anschließend verkleiden sie sich als Piraten.

Zum Abendessen gibt es Würstchen mit Pommes und Ketchup.

Als sie ins Bett gehen, erzählen sie sich noch Gruselgeschichten.

8 Eine Geschichte nach Stichwörtern schreiben

1 Schreibe eine Geschichte. Benutze die Stichwörter.

Lisa und Lea spielen zusammen

~~Lisa~~ ~~Lea~~

schaukeln Garten

Spaß

Sandkasten Kuchen backen

Abendessen Papa grillen Würstchen

Lisas Mama abholen winken

Lisa besucht Lea. Zuerst

8 Wörter nach Themen ordnen

1 Unterstreiche alle Wörter zum Thema Fußball.

Elfmeter | Stall | Mähne | Torwart | Rote Karte | Sattel

Hindernis | Anpfiff | zuspielen | Ausritt | herunterfallen

galoppieren | foulen | Schiedsrichter | Reiterin | rennen

2 Ordne die Wörter in die Tabelle.

Fußball	Pferde
Elfmeter	Stall

8 Zu einem Thema eine Geschichte schreiben

1 Schreibe eine Geschichte zum Thema Fußball oder zum Thema Pferde.
Die Wörter auf Seite 60 können dir helfen.

Meine geschichte

8 Eine Geschichte zu Ende schreiben

1 Lies dir den Anfang der Geschichte durch.
Schreibe sie weiter.

Tina hat ein fliegendes Bett

Heute ging Tina ganz früh ins Bett. Sie war richtig sauer.
Den ganzen Tag hatte sie sich mit ihrer Schwester Betti gestritten.
Betti hatte Tinas Puppe die Haare abgeschnitten.
Am liebsten wäre sie weit, weit weg. Fort von ihrer Schwester.
Nun versuchte sie zu schlafen.

Plötzlich

8 Eine Fantasiegeschichte weiterschreiben

1 Lies dir den Anfang der Geschichte durch.
Schreibe sie weiter.

Olaf und die Zauberkatze

Olafs Traum ging in Erfüllung!
Er bekam eine Katze zum Geburtstag.
„Sie ist die schönste Katze der Welt!“, rief Olaf.
Die Katze hatte sich schnell in ihrer neuen Umgebung eingelebt.
Doch bald bemerkte Olaf, dass seine Katze nicht normal war.

Sie

9 Texten eine Überschrift zuordnen

1 Lies die Texte. Ordne die passende Überschrift zu.
Erfinde für den dritten Text selbst eine Überschrift.

Ein Wandertag mit Schrecken	Ein gelungener Wandertag

Die Klasse 2a machte kurz vor den Ferien eine Wanderung. Sie liefen zu einem Waldspielplatz mit einer Grillstelle. Die Kinder suchten Holz und zündeten mit der Lehrerin ein Feuer an. Alle rösteten darüber Stockbrot. Es schmeckte sehr lecker! Danach spielten sie auf dem Spielplatz. Das war ein toller Wandertag.

Die Klasse 2b wanderte zu einer Burgruine. Dort aßen sie ihr Picknick und erkundeten das Gelände. Als Tim auf eine alte Burgmauer kletterte, verlor er das Gleichgewicht und fiel hin. Sein Arm tat weh und wurde dick. Am nächsten Tag kam er mit einem Verband in die Schule. Er hatte sich den Arm verstaucht.

Die Klasse 2c wanderte zu einer Quelle, aus der ein kleiner Bach entsprang. Dort wollte Lea ihr selbst gebautes Boot erproben. Doch sie rutschte aus und landete im Wasser. Gerade wollte sie anfangen zu weinen, als sie sah, wie ihr Boot losschwamm. Nun freute sie sich und war stolz. Zum Glück war es so heiß, dass ihre Kleider bald trockneten.

9 Den Aufbau einer Geschichte kennen lernen

1 Lies die Absätze.
Schreibe über jeden Absatz den richtigen Begriff.

Wie fing es an?	Einleitung
Was ist passiert?	Hauptteil
Wie hörte es auf?	Schluss

Susanne geht in die zweite Klasse.
Ihre Schule machte gestern einen Wandertag
zu einem Abenteuerspielplatz.
Um 8 Uhr ging es los.

Dort machten die Kinder erst eine Vesperpause.
Als Nächstes erkundeten sie den Spielplatz.
Susanne fuhr mit der Seilbahn und schaukelte.
Danach spielte sie mit Tim, Leo und Jasmin in der Ritterburg.
Dabei hatten sie viel Spaß.

Um zwölf Uhr packten die Kinder ihre Sachen zusammen
und gingen wieder zurück. Das war ein schöner Tag.

9 Einleitungen kennen lernen

1 In Einleitungen liest du was, wann, wo passiert.
Lies die Absätze durch. Kreuze alle drei Einleitungen an.

○ Rocafort ist ein ganz kleines Dorf in Spanien.
Dort gibt es nur drei Bauernhöfe.
Den ganzen Tag bewacht ein großer Hund
den mittleren Hof.

○ Wenig später
gibt Paul seiner Großmutter
einen Kräutertee zum Trinken.
Mit jedem Schluck
sieht sie wieder gesünder aus.

○ Und wenn sie nicht
gestorben sind,
dann leben sie
noch heute.

○ Plötzlich hörte man
einen lauten Knall.
Er drehte sich um
und erschrak.

○ Es waren einmal
ein Mädchen und ein Junge,
die in einer Hütte im Wald lebten.
Ihre Eltern waren sehr arm,
sodass die Familie
nicht genug zum Essen hatte.

○ Nano war ein kleiner Eisbär.
Er wurde am Nordpol geboren,
in einer Welt voller Eis und Schnee.
Mit seiner Mutter lebte er
in einer tiefen, warmen Höhle.

9 Einen passenden Schluss auswählen

1 Lies dir die Geschichte durch.
Kreuze den Schluss an, der dir am besten gefällt.

Lisa hat Geburtstag

Nach dem Aufwachen rannte Lisa voller Erwartung ins Wohnzimmer. Dort blieb sie wie erstarrt stehen. „Wo sind denn meine Geschenke?“, rief sie empört. Papa saß einfach am Frühstückstisch und aß sein Müsli. Lisa setzt sich enttäuscht dazu. Sie hatten ihren Geburtstag wirklich vergessen. Doch auf einmal stürmten Mama, Oma und Tom herein. Alle drei sangen ein Geburtstagslied. Oma hielt eine Torte mit acht Kerzen in der Hand.

- ◯ Lisa pustet die Kerzen aus und dachte: „Na wartet, diesen Schreck werde ich euch heimzahlen!“
- ◯ Das war die beste Überraschung, die Lisa je erlebt hatte.
- ◯ Erleichtert rief Lisa: „Toll, ich dachte schon, ihr hättet mich vergessen!“

2 Schreibe den Schluss auf, der dir am besten gefällt, oder erfinde einen anderen Schluss.

9 Satzanfänge verändern

1 In dieser Geschichte beginnen einige Sätze mit dem gleichen Wort.
Schreibe die Geschichte.
Verändere die blauen Satzanfänge.

Allein zu Hause

Danach	Nun	Plötzlich	Schließlich

Gestern war ich allein zu Hause.
Meine Eltern waren im Kino.
Im Bett habe ich noch gelesen.
Dann schlief ich ein.
Dann weckte mich ein Geräusch.
Dann hörte ich Schritte und Stimmen.
Dann ging das Licht an.
Papa und Mama waren wieder zu Hause.

Gestern

Adjektive benutzen

1 Lies den Text und sieh dir das Bild an.
Setze passende Adjektive in die Sätze ein.

Auf dem Jahrmarkt

~~laute~~ | süße | grünes | superschnellen | herrliche | hohe | gruselige

Tim geht mit seinen Eltern auf den Jahrmarkt.

Schon von Weitem hören sie die laute Musik.

Zuerst sehen sie in der Geisterbahn viele ______ Gestalten.

Anschließend kauft sich Tim ______ Zuckerwatte.

Als Nächstes haben sie sich das ______ Karussell vorgenommen.

Dann fahren sie mit der ______ Achterbahn.

Nun zieht Tim ein Los und gewinnt ein ______ Kuscheltier.

Zum Abschluss genießen sie die ______ Aussicht vom Riesenrad.

9 Fehlerwörter verbessern

1 Verbessere die Fehlerwörter.
Schreibe die Verbesserung in die Zeile darüber.

Katze

Die ~~katze~~ Mini streift mal wieder durch die ~~Gorten~~.

Sie ist auf der Suche nach ~~Meusen~~.

~~heute~~ fängt sie aber nur eine Fliege.

2 Finde die sieben Fehler und verbessere sie.

Tim und lisa gehen mit Imo spazieren.

Sie kommen an einer Wiese mit Apfelbeumen vorbei.

tim sammelt zwei Äpfel auf. In der Nähe ist ein kleiner rastplatz.

dort machen die beiden freunde eine kurze Pause

und verspeisen ihre Epfel.

9 Einen Text überarbeiten

1 Lies den Text. Überlege, was du besser machen könntest.
Schreibe den verbesserten Text auf.

Um 3 Uhr kam tim in der Bücherei an.
Er suchte Bücher über Beume und ihre Bletter.
dann las er vir Zeitschriften.
Dann ging das licht aus.
Dann war es zehn Minuten lang dunkel.
Dann ging das Licht zum Glück wieder an.

Einsterns Schwester 2

Arbeitsheft 3

Texte schreiben

Herausgegeben von: Roland Bauer, Jutta Maurach

Erarbeitet von: Katrin Baudendistel, Daniela Dreier, Alexandra Schwaighofer

Redaktion: Elisabeth Wagner

Illustration: Yo Rühmer

Umschlaggestaltung: Sandra Knopke

Layout und technische Umsetzung: Katrin Tengler

Text- und Bildquellen

11 Katrin Engelking. Aus: Pippi Langstrumpf. Oetinger Verlag, Hamburg 2007.
14/15/16 Fotolia Deutschland GmbH.
18 Könnecke, Ole: Anton und die Blätter. Hanser Verlag, München 2007.
19 Könnecke, Ole: Anton und die Mädchen. Hanser Verlag, München 2004.
38 Bydlinski, Georg: Ein Kind singt auf dem Schulweg. In: Wasserhahn und Wasserhenne. Dachs Verlag, Wien 2002.
39 Brender, Irmela: Wir. In: Fuhrmann, Joachim: Gedichte für Anfänger. Rowohlt Verlag, Reinbek 1980.
40 Johansen, Hanna: Ein Krokodil. © Hanna Johansen.

www.cornelsen.de

1. Auflage, 17. Druck 2019

Alle Drucke dieser Auflage sind inhaltlich unverändert
und können im Unterricht nebeneinander verwendet werden.

ISBN 978-3-06-082237-9

Dieses Heft ist Bestandteil der Lernbox „Einsterns Schwester 2“ (ISBN 978-3-06-082222-5) und kann auch einzeln bestellt werden.

Inhalt gedruckt auf säurefreiem Papier aus nachhaltiger Forstwirtschaft.